Fascinantes preguntas y respuestas de la Biblia

Tomo I

© 2002 Editorial Caribe, Inc.
Una división de Thomas Nelson, Inc.
Nashville, TN & Miami, FL, EE.UU.
www.caribebetania.com

Título en inglés: Nelson's Amazing Bible Trivia

© 2000 por Thomas Nelson Publishers, Inc.
Publicado por Thomas Nelson Publishers, Inc.

A menos que se señale lo contrario, todas las citas bíblicas
son tomadas de la Versión Reina-Valera 1960
© 1960 Sociedades Bíblicas Unidas en América Latina.
Usadas con permiso.

Traductor: Ricardo Acosta

ISBN: 0-89922-633-7

Impreso en Cánada
Printed in Canada

Tabla de Contenido

Prólogo

La Biblia está llena de fascinante información. ¡Descubrimos esto mientras estudiamos cuidadosamente las abundantes preguntas y respuestas que la enriquecen! Tomamos muy en serio la Biblia, como la Palabra inspirada de Dios, y trabajamos arduamente para garantizar que este libro sea lo más exacto posible. Todas las referencias pertenecen a la versión Reina Valera; todas las preguntas y respuestas se han examinado para estar seguros de que la interpretación sea exacta y que esté tratada con el mayor respeto.

¡Fascínese con la información que descubrirá en este primer tomo! Usted no solo tiene en sus manos miles de preguntas acerca de la Biblia y otros temas relacionados. ¡También aparece un poco de información en las secciones «¡Qué te parece!», la cual se sumará a su conocimiento de la Biblia y de las épocas en que se escribió. Hallamos especialmente útiles estas ventanas de información, pues ayudan a poner los hechos bíblicos en concordancia con la historia secular.

Sin duda alguna, mientras usted lee este libro se sorprenderá, se impresionará y hasta se divertirá por los hechos que descubrirá. ¡Ríase! ¡Disfrute las Escrituras que Dios nos da! Alimente su sentido del humor. Recuerde: Salomón, renombrado por su sabiduría, dijo que hay un «tiempo de reír» (Eclesiastés 3.4).

Finalmente animémonos unos a otros con el conocimiento y la experiencia que desarrolla en nosotros el estudio de la Biblia. Ella está llena de ideas prácticas para la felicidad y el propósito en esta vida, así como de promesas para la vida eterna. Hable de ella con familiares y amigos. ¡Esperamos que al disfrutar Fascinantes preguntas y respuestas de la Biblia se añada alguna curiosidad a su estudio de la Palabra!

¡No deje de adquirir el segundo tomo!

Prefacio

¡Me alegra mucho que usted haya agarrado un ejemplar de Fascinantes preguntas y respuestas de la Biblia! Espero que este libro le sea útil mientras explora los temas en la Biblia y la historia bíblica. Aunque algunas de las preguntas en este tomo no tienen su origen en los libros de la Biblia, de algún modo están relacionadas con temas bíblicos, y su intención es que le edifiquen en su estudio de la Biblia.

Disfrute personalmente el material que descubre en este libro y compártalo con sus amigos. Esta obra se hizo para ser usada tanto individualmente como en grupos de personas. Llévelo a su estudio bíblico y utilícelo para romper el hielo; úselo en el auto como una distracción en su viaje; ¡sea creativo! Estoy seguro de que usted descubrirá muchas maneras de usar esta colección de información y humor; así que, ¡disfrútelo!

Un rápido agradecimiento y reconocimiento a mis compañeras Katheryn Willy y Rebekah Dogg por su inspiración y ayuda inolvidable. A Gillian y Matthew, por su humor, ayuda y dedicación a la serie Fascinantes preguntas y respuestas de la Biblia. Y finalmente a mis familiares, tanto viejos como jóvenes, ¡los amo mucho a todos!

—Kate Anderson, editor

Un ángel obtiene sus alas

MÚLTIPLES OPCIONES

1. **Cuando Dios se encubrió como un ángel, ¿a quién se le apareció en la fuente que está en el camino de Shur?**

   A. a Agar
   B. a Abraham
   C. a un duende
   D. a Sara

RESPUESTAS PAG. 14

2. **¿Quién se apareció a Moisés en la zarza ardiendo, según Éxodo 3.2?**

   A. Dios
   B. Yavé
   C. el Ángel de Jehová
   D. Jehová de los ejércitos

3. **¿Cómo llamó el ángel de Jehová a Gedeón?**

   A. Gedeón, el debilucho
   B. Gedeón, hombre de Dios
   C. Gedeón, poderoso guerrero
   D. Gedeón, varón esforzado y valiente

4. **¿Por qué el ángel de Jehová exclamó: «¡Abraham, Abraham!»?**

   A. para que regresara y huyera del peligro
   B. para que no sacrificara a su hijo Isaac
   C. porque estaba a punto de tropezar y caer en el abrevadero de los animales, y el ángel quiso advertirle
   D. para que se arrepintiera de su pecado y se volviera a Dios

5. ¿A qué animal se le apareció un ángel?
   A. al asna de Balaam
   B. al gato de Cleopatra
   C. a la ballena de Jonás
   D. al león de Sansón

¡QUÉ TE PARECE!

Muy a menudo se representa a los ángeles de modo femenino; sin embargo, cuando en la Biblia se aparecen como seres humanos, se les describe como varones (Gn 18,19; Jue 13, Mt 28, Lc 24).

6. El ángel de Jehová declaró que el pacto de protección entre Dios e Israel se invalidó en Boquim por el pecado de Israel al:
   A. no obedecer a Dios
   B. no sacrificar todo el botín que recogieron en sus asaltos
   C. escándalo de Watergate
   D. crear ídolos para adorarlos en vez de Dios

7. ¿Dónde se sentó el ángel de Jehová cuando se le apareció a Gedeón?
   A. sobre el manto de Gedeón, al aire del día
   B. sobre una ortiga

C. debajo de una encina que pertenecía al padre de Gedeón

D. sobre el techo de la casa de Gedeón

8. ¿Qué dijo el ángel de Jehová a la esposa de Manoa?

A. que daría a luz a Samuel

B. que daría a luz a Isaías

C. que daría a luz un emparedado tipo submarino

D. que daría a luz a Sansón

COMPLETE LOS ESPACIOS EN BLANCO

1. David vio un ángel del Señor junto a la era, _____ a su pueblo.

2. El ángel de Jehová ordenó que David _____ en la _____ de Ornán jebuseo.

3. El ángel de Jehová proveyó _____ _____ para que Elías se alimentara en su viaje a Horeb.

RESPUESTAS PAG. 14

4. El ángel de Jehová protegió a Elías del _____ _____ al enviar fuego del cielo sobre ellos después que el varòn de Dios profetizara la muerte de Ocozías.

5. El ejército asirio de Senaquerib fue derrotado cuando _____ mató _____ _____ mientras dormían.

6. El ángel de Jehová _____ a Zacarías y le manifestó que _____.

7. En la visión de Zacarías acerca del Renuevo, _____ _____ estaba delante del ángel de Jehová y _____ estaba a su mano derecha para acusarle.

BANCO DE PALABRAS

una torta cocida sobre las ascuas, y una vasija de agua

el sumo sacerdote Josué   destruyendo   Satanás

el ejército del rey Ocozías   era

proclamar el mensaje del Señor

construir un altar   explicó una visión

ASOCIE EL NÚMERO CON LA LETRA

RESPUESTAS PÁG. 15

Cacterísticas de los ángeles

Referencias bíblicas

1. Seres creados

a. «¿No son todos espíritus ministradores, enviados para servicio a favor de los que serán herederos de la salvación?»

2. Siervos de Dios

b. «He aquí una mano me tocó, e hizo que me pusiese sobre mis rodillas y sobre las palmas de mis manos».

3. Invisibles

c. «No pueden ya más morir, pues son iguales a los ángeles, y son hijos de Dios, al ser hijos de la resurrección».

4. Limitados

d. «Alabadle, vosotros todos espacialmente sus ángeles ... Porque Él mandó, y fueron creados».

5. Organizados

e. «En Él fueron creadas todas las cosas, las que hay en los cielos y las que hay en la tierra, visibles e invisibles; sean tronos, sean dominios, sean principados, sean potestades».

6. Llamados

    f. «Bendecid a Jehová, vosotros sus ángeles, poderosos en fortaleza, que ejecutáis su palabra, obedeciendo a la voz de su precepto».

7. Solteros

    g. «En la resurrección ni se casarán ni se darán en casamiento, sino serán como los ángeles de Dios en el cielo».

8. Espíritus

    h. «Al sexto mes el ángel Gabriel fue enviado por Dios a una ciudad de Galilea, llamada Nazaret».

9. Eternos

    i. «Su rostro parecía un relámpago, y sus ojos como antorchas de fuego, y sus brazos y sus pies como de color de bronce bruñido, y el sonido de sus palabras como el estruendo de una multitud».

10. Azules

    j. «La, la, la, la, la, la, la, la, la...»

NARRE UNA HISTORIA

Un día un ángel muy _____ estaba volando
ADJETIVO

hacia _____, como era su costumbre diaria.
LUGAR

Mientras viajaba chocó contra un _____,
SUSTANTIVO

cuyo estado de ánimo no era muy _____.
ADJETIVO

_____ le dijo a _____. No te vi.
DISCULPAS SUSTANTIVO

Pero _____ simplemente lo miró como si
SUSTANTIVO

fuera _____. El _____
SUSTANTIVO ADJETIVO

ángel _____.
VERBO (TIEMPO PASADO)

_____ lo había hecho sentir muy
SUSTANTIVO

_____. ¡Entonces _____
EMOCIÓN SUSTANTIVO

también comenzó a _____! Los dos
VERBO (TIEMPO PASADO)

se volvieron _____ amigos. De ese día en
ADJETIVO

adelante, ellos iban juntos todos los días a _____,
LUGAR

¡y vivieron _____ para siempre!
EMOCIÓN

Un ángel obtiene sus alas ‖ 9

RESPONDA BREVEMENTE

1. ¿Que había encima del trono de Dios en Isaías 6?

_____

_____

RESPUESTAS PAG. 16

2. ¿Cómo lucían los serafines?

_____

_____

3. ¿Qué se decían unos a otros los serafines?

_____

_____

Fascinantes preguntas y respuestas de la Biblia

4. ¿Quién dijo en el Apocalipsis: «Santo, santo, santo es el Señor Dios Todopoderoso, el que era, el que es, y el que ha de venir»?

_____

5. ¿Cuál es el nombre del ángel que salvó la vida de George Bailey?

_____

DESCIFRE
(Los nombres para Satanás)

1. Anobad

2. Noliopa

3. Ezebelub

4. Liebla

5. Balido

6. Rangod

7. Neigemo

8. Rucleo

9. Astanas

10. Dotraten

VERDADERO O FALSO

1. Los ángeles duermen.

2. A los ángeles se les llama «hijos de Dios».

RESPUESTAS PAG. 18

3. A Satanás se le llama el dios de este siglo.

4. Los ángeles traerán paz a la tierra entre los hombres cuando Cristo regrese.

5. Dios mismo separará los malvados de los justos al final de los tiempos.

6. Los ángeles reunirán a los escogidos de los cuatro vientos, desde el extremo de la tierra hasta el extremo del cielo.

7. Un ángel atará a Satanás con una cadena por mil años.

8. A Satanás se le llama el ángel del abismo.

9. Los espaguetis cabellos de ángel se hacen de cabellos reales de ángeles.

10. El anciano, no el ángel, tenía el incensario de oro ante el altar.

Las diez mejores maneras en que los ángeles intentaron sacar de Sodoma y Gomorra a la familia de Lot

10. Subieron sus impuestos.

9. Los amenazaron con recoger una ofrenda.

8. Dejaron un rastro de poesías de Neruda.

7. Enviaron a sus casas un grupo constante de vendedores puerta-a-puerta.

6. Convencieron a los vecinos de que pusieran gigantescas antenas satelitales frente a sus jardines.

5. Llenaron sus buzones con propaganda comercial.

4. «Aparecieron» en sus casas todos los fines de semana.

3. Incitaron a los niños de los vecinos a montar sus bicicletas y sus patinetas sobre los jardines perfectamente cuidados de la familia de Lot.

2. Los obligaron a ver programas políticos por televisión.

1. Pusieron sus números telefónicos en una lista de mercadeo por teléfono.

RESPUESTAS A:
UN ÁNGEL OBTIENE SUS ALAS

MÚLTIPLES OPCIONES

# RESPUESTA	REFERENCIA
1. a	Génesis 16.7-13
2. c	Éxodo 3.2
3. d	Jueces 6.12
4. b	Génesis 22
5. a	Números 22
6. a	Jueces 2
7. c	Jueces 6
8. d	Jueces 13

COMPLETE LOS ESPACIOS EN BLANCO

# RESPUESTA	REFERENCIA
1. destruyendo	2 Samuel 24
2. construyera un altar, era	1 Crónicas 21
3. una torta cocida sobre las ascuas y una vasija de agua	1 Reyes 19.6

# RESPUESTA	REFERENCIA
4. ejército del rey Ocozías	2 Reyes 1
5. el ángel de Jehová, ciento ochenta y cinco mil soldados	2 Reyes 19.35
6. explicó una visión, proclamara el mensaje del Señor	Zacarías 1
7. el sumo sacerdote Josué, Satanás	Zacarías 3.1

ASOCIE EL NÚMERO CON LA LETRA

# RESPUESTA	REFERENCIA
1. d	Salmos 148.1-5
2. f	Salmos 103.19-21
3. e	Colosenses 1.16
4. b	Daniel 10.10-20
5. i	Daniel 10
6. h	Lucas 1.26

# RESPUESTA	REFERENCIA
7. g	Mateo 22.30
8. a	Hebreos 1.14
9. c	Lucas 20.36
10. j	

RESPONDA
BREVEMENTE

# RESPUESTA	REFERENCIA
1. Serafines	Isaías 6
2. cada uno tenía seis alas; con dos cubrían sus rostros, con dos cubrían sus pies, y con dos volaban	Isaías 6.2
3. Santo, santo, santo, Jehová de los ejércitos; toda la tierra está llena de su gloria	Isaías 6.3
4. los cuatro seres vivientes tenían cada	Apocalipsis 4.8

RESPONDA
BREVEMENTE– CONTINUACIÓN

# RESPUESTA	REFERENCIA
uno seis alas, y alrededor y por dentro estaban llenos de ojos	
5. Harold	

DESCIFRE

# RESPUESTA	REFERENCIA
1. Abadón	Apocalipsis 9.11
2. Apolión	Apocalipsis 9.11
3. Beelzebú	Mateo 12.24
4. Belial	2 Corintios 6.15
5. Diablo	Juan 8.44
6. Dragón	Apocalipsis 12.7
7. Enemigo	Mateo 13.39
8. Lucero	Isaías 14.12-13
9. Satanás	Marcos 1.12-13
10. Tentador	1 Tesalonicenses 3.5

VERDADERO
O FALSO

# RESPUESTA	REFERENCIA
1. Falso	Apocalipsis 4.8
2. Verdadero	Job 2.1
3. Verdadero	2 Corintios 4.4
4. Falso	2 Tesalonicenses 1.7
5. Falso	Mateo 13.49
6. Verdadero	Marcos 13.27
7. Verdadero	Apocalipsis 20.1-3
8. Verdadero	Apocalipsis 9.11
9. Falso	
10. Falso	Apocalipsis 8.3

Traducciones de la Biblia

MÚLTIPLES OPCIONES

1. La palabra «Biblia» literalmente significa:

A. los libros

B. las palabras de Dios

C. muchas palabras, letra pequeña

D. palabras santas

2. ¿Qué grupo de personas NO usa el Nuevo Testamento?

A. cristianos

B. musulmanes

C. judíos

D. santos

RESPUESTAS PAG. 29

3. En los siglos dieciocho, diecinueve y veinte la inspiración divina de la Biblia:

A. se rechazaba

B. se cuestionaba

C. se aceptaba sin dudas

D. estaba de vacaciones en el Caribe

4. El papa León XIII llamó a los sagrados escritores:

A. genios infalibles

B. chicos prodigios

C. progenitores de la voluntad de Dios

D. instrumentos del Espíritu Santo

5. ¿Qué palabra, cuyo significado es «una medida, o una ley», se usó para describir la colección de la Biblia?

A. canon
B. rifle
C. torá
D. septuaginta

6. ¿Qué libro sugirió Martín Lutero que se quitara de la Biblia?

A. Levítico
B. Lo que el viento se llevó
C. Evangelio de Mateo
D. Epístola de Santiago

7. ¿Cuál NO es una de las tres partes de las Escrituras hebreas?

A. Ley
B. Poesía
C. Profetas
D. Escritos

8. ¿Cuál de las reglas de Josefo para el canon del Antiguo Testamento es incorrecta?

A. el número establecido de libros
B. que son sagrados
C. el origen divino
D. que fueron escritos entre la época de Moisés y Artajerjes

VERDADERO O FALSO

1. Católicos y protestantes están de acuerdo en qué libros se deben incluir en la Biblia.

2. A la sección del Antiguo Testamento hebreo llamada «Ley» también se le conoce como «El pentateuco».

3. «Los profetas» es la sección de la Biblia que los protestantes conocen como los libros de Isaías a Malaquías.

4. En el siglo segundo después de Cristo se reunieron los principales líderes religiosos y cerraron el canon del Antiguo Testamento.

RESPUESTAS
PAG. 29

5. La B-I-B-L-I-A, ¡para mí ese es el libro!

6. Los apócrifos son libros religiosos no incluidos en el canon de las Escrituras.

7. La mayor parte del Antiguo Testamento fue escrita en hebreo, pero algunas secciones se escribieron en arameo y otras en griego.

8. Todo el Nuevo Testamento se compuso en griego.

9. El primer libro del Antiguo Testamento en ser impreso fue el Génesis, en Boloña en el año 1477 d.C.

10. Los rollos del Mar Muerto se descubrieron en cuevas cercanas a la antigua comunidad de Qumrán.

COMPLETE LOS ESPACIOS EN BLANCO

1. A los manuscritos originales de los libros del Nuevo Testamento se les llama _____.

2. Dios prometió _____ su Palabra.

3. Los _____ copiaban los manuscritos a _____.

RESPUESTAS PAG. 30

4. Los autógrafos fueron escritos en griego _____ _____.

5. Al procedimiento de comparar diferentes manuscritos para determinar qué versión seguir se le llama _____ _____.

6. _____ imprimió el primer Nuevo Testamento griego en _____.

7. El texto de Erasmo fue revisado, aumentado y llamado el _____.

8. El _____ se recopiló de manuscritos de Erasmo encontrados en _____ _____, _____.

Las diez traducciones
más reprobadas de la Biblia

10. Latín vulgar

9. Versión revisada no autorizada

8. Versión difamada estadounidense

7. Versión reina crítica

6. Nueva versión irracional

5. Nueva versión umbilical

4. Biblia para rellenar espacios en blanco

3. Sucia vulgata latina

2. La Biblia según Disney

1. Momentos bíblicos prehistóricos

BANCO DE PALABRAS

Moderno   crítica textual   compendio

Reykiavic, Islandia   desfile de integración

Mano   pliegue   vernáculo (cotidiano)

Erasmo, 1516   autógrafos   preservar

Elves   Nueva Versión

Escribas   lápiz de colores   Textus Receptus

Rafael, 1731   Basel, Suiza

RESPONDA BREVEMENTE

1. ¿Quiénes en el año 1882 hicieron muy famoso un texto crítico de la Biblia? _____

_____

2. ¿Qué método usaron Westcott y Hort para hacer su texto? _____

_____

_____

_____

RESPUESTAS PAG. 31

3. ¿Qué contribución hizo J.J. Wettstein a la impresión del Nuevo Testamento? _____

_____

_____

4. ¿Cómo se le conoce a la traducción al griego de las Escrituras en el siglo tercero a.C.? _____

_____

5. La leyenda que rodea la Septuaginta dice que _____ _____ traductores fueron enviados desde Jerusalén hasta Alejandría, _____.

6. ¿Cómo se llamó la traducción de la Biblia al latín?

_____

7. ¿Quién imprimió la Vulgata en el año 1455?

_____

8. ¿En qué ciudad se imprimió en 1790 la primera Biblia católica en los Estados Unidos? _____

_____

¡QUÉ TE PARECE!

¡Martín Lutero sugirió que el libro de Santiago, entre otros, no se debía incluir en la Biblia debido a su énfasis en las buenas obras!

PONGA EN ORDEN LO SIGUIENTE

(De la más antigua a la más reciente)

RESPUESTAS PAG. 32

1. Nueva Versión Internacional

2. La Biblia de las Américas

3. Dios habla hoy

4. Revisión Reina Valera

5. La Biblia al Día

6. Reina Valera

7. La Biblia de las Américas (católica)

RESPUESTAS A:
TRADUCCIONES DE LA BIBLIA

MÚLTIPLES OPCIONES

RESPUESTA
1. a
2. c
3. b
4. d
5. a
6. d
7. B
8. d

VERDADERO O FALSO

RESPUESTA
1. Falso
2. Verdadero
3. Falso (también incluye desde Josué hasta Reyes)

VERDADERO
O FALSO– CONTINUACIÓN

RESPUESTA

4. Falso (nunca hubo reunión alguna para cerrar el canon del Nuevo Testamento)

5. ¡Depende de usted!

6. Verdadero

7. Verdadero

8. Verdadero

9. Falso (Salmos)

10. Verdadero

COMPLETE
LOS ESPACIOS
EN BLANCO

RESPUESTA

1. autógrafos

2. preservar

3. escribas, mano

4. vernáculo (o cotidiano)

5. crítica textual

6. Erasmo, 1516

COMPLETE
LOS ESPACIOS
EN BLANCO– CONTINUACIÓN

RESPUESTA

7. Textus Receptus

8. Textus Receptus, Basel, Suiza

RESPONDA
BREVEMENTE

RESPUESTA

1. Westcott y Hort

2. comparación de versículo por versículo

3. letras mayúsculas

4. la Septuaginta

5. setenta y dos, de ahí «septuaginta»

6. la Vulgata

7. Johann Gutenberg

8. Filadelfia

RESPUESTA

1. Reina Valera (1960)

2. Biblia al Día (1979)

3. Dios habla hoy (1983)

4. La Biblia de las Américas (1986)

5. La Biblia de las Américas (católica) (1994)

6. Revisión Reina Valera (1995)

7. Nueva Versión Internacional (1999)

Personajes famosos (y no tan famosos)

MÚLTIPLES OPCIONES

1. ¿Quién se movía sobre la superficie de las aguas durante la creación?
   A. arcángeles
   B. querubines y serafines
   C. el Espíritu de Dios
   D. Adán y Eva

RESPUESTAS
PÁG. 44

2. El nombre de Adán significa:
   A. hombre
   B. tierra
   C. primera persona
   D. tristeza de la humanidad

¡QUÉ TE PARECE!

Cuando el rey David gobernaba Israel, ¡los chinos desarrollaron un libro de texto para las matemáticas!

3. El nombre de Eva significa:
   A. madre de todas las personas
   B. dadora de vida

C. amante de las frutas

D. mujer

4. ¿En qué orden fueron malditos Adán, Eva y la serpiente?

A. Adán, Eva, serpiente

B. Eva, Adán, serpiente

C. serpiente, Eva, Adán

D. orden alfabético

ASOCIE EL NÚMERO CON LA LETRA

1. Sara	a. rey Asuero
2. Séfora	b. Samuel
3. Gilbert	c. Moisés
4. Raquel	d. Jacob
5. esposa de Potifar	e. David
6. Ester	f. Abraham
7. Rebeca	g. Sullivan
8. Mical	h. José
9. Agar	i. Isaac
10. Ana	j. Ismael

RESPUESTAS
PAG. 44

1. ¿De quién se dijo: «Este nos aliviará de nuestras obras y del trabajo de nuestras manos, a causa de la tierra que Jehová maldijo»? _____

_____

2. ¿Quién dijo a quién: «No haya ahora altercado entre nosotros dos, entre mis pastores y los tuyos, porque somos hermanos»? _____

_____

_____

3. Enumere los diez hechos milagrosos que el Señor realizó por medio de Moisés y Aarón ante Faraón.

_____

_____

_____

**RESPUESTAS
PAG. 45**

4. Nombre los tres amigos de Job. _____

_____, _____,

5. Defina los siguientes nombres de Dios:

A. Abba _____

B. Shaddai _____

C. Elohim _____

D. Adonai _____

E. Yaveh _____

**VERDADERO
O FALSO**

1. María se volvió leprosa cuando cuestionó que Dios hablara solamente por medio de Moisés.

2. Sara y Abraham tenían el mismo padre.

3. Isaac amó a Jacob y Rebeca amó a Esaú.

4. La frase SANTIDAD A JEHOVÁ aparecía en la mitra de un sacerdote.

5. Quedorlaomer era un Pokemón.

6. El sol obedeció la orden de detenerse que dio Josué.

7. La esposa de Sansón era una moabita.

8. Saúl fue investido rey por su pueblo en Israel.

9. Ciro, el rey persa, declaró que los israelitas cautivos debían dejar la tierra de él y edificar un templo para el Señor de ellos.

10. Los filisteos vendieron los hijos de Judá y de Jerusalén a los griegos.

RESPUESTAS
PAG. 46

NARRE UNA HISTORIA

Un día un hombre _____
ADJETIVO

estaba caminando por la calle. Se encontró un enorme

_____ y le preguntó cómo se sentía. Este
SUSTANTIVO

le contestó que estaba muy _____.
EMOCIÓN

Por consiguiente, el hombre quiso ayudarlo. Lo llevó al

_____ más cercano, para
NOMBRE DE UN ALMACÉN

darle un helado, porque el helado siempre lo hace sentir a

usted _____. El hombre
EMOCIÓN

pidió _____, su favorito, pero el
SABOR DE HELADO

_____ solo tomó una _____.
SUSTANTIVO   BEBIDA

Esto _____ _____
EMOCIÓN   SUPERLATIVO

al hombre. Él quería ayudar al _____,
SUSTANTIVO

pero este no cambiaba de opinión. Por consiguiente,

_____

Personajes famosos (y no tan famosos) ‖ 39

comprendió, que algunos _____
SUSTANTIVO

sencillamente no cambiarían a pesar de lo que usted

_____. Antes de continuar su
VERBO

camino, él _____
VERBO EN TIEMPO PASADO

su helado y dijo al _____ que esperaba
SUSTANTIVO

que _____.
FRASE COMÚN

Moraleja de la historia: _____.
MORALEJA

SOPA DE LETRAS

RESPUESTAS PÁG. 47

Aarón	Eva	Lot	Sara
Abel	Agar	Melquisedec	Saúl
Abraham	Hageo	Noé	Salomón
Adán	Jesús	Pablo	Timoteo
Andrés	Juan	Pedro	Tito
Betsabé	José	Raquel	Artajerjes
Caín	Leví	Rahab	

```
H  W  Q  E  R  T  Y  U  I  O  P  L  A  J  K  H  G  F  D  S
A  S  W  E  A  B  N  O  E  H  Z  T  A  M  N  P  E  D  R  O
G  M  J  K  B  R  E  J  K  A  M  C  R  U  T  A  P  I  L  R
E  L  C  A  I  N  T  K  J  C  N  W  O  X  Y  M  L  L  K  A
O  M  N  B  V  C  I  A  B  N  M  D  N  D  T  L  W  P  A  H
I  J  H  S  A  U  L  S  J  A  S  D  R  F  G  H  J  K  L  A
K  L  J  H  A  G  F  D  S  E  W  R  T  E  Y  U  I  O  P  B
A  T  R  A  B  R  A  H  A  M  R  V  E  Z  S  T  I  T  O  M
W  Y  B  E  T  S  A  B  E  P  T  J  L  E  M  N  S  L  B  M
L  E  H  P  L  B  A  H  G  U  I  K  E  N  J  E  S  U  S  O
L  E  R  X  A  N  M  U  T  Y  C  V  K  S  E  O  K  J  B  U
N  L  O  T  C  B  S  A  L  O  M  O  N  D  R  G  S  H  K  U
N  F  T  I  K  F  L  O  R  E  Y  M  Z  I  O  N  B  E  R  T
K  L  O  M  E  T  E  O  N  M  R  A  G  A  R  P  O  P  E  Y
I  N  J  O  J  U  A  N  T  I  U  N  F  E  A  Q  U  M  R  A
B  O  A  T  I  N  G  O  M  A  N  J  O  A  Q  P  N  A  O  D
T  N  M  E  L  Q  U  I  S  E  D  E  C  H  U  E  W  V  K  R
L  O  P  O  W  E  U  Y  T  R  B  D  H  K  E  N  W  O  B  D
L  K  J  N  G  A  D  A  N  T  Y  C  A  M  L  E  V  I  T  L
A  S  D  Y  J  N  I  O  M  P  Q  Y  Y  H  E  V  A  I  M  N
```

COMPLETE LOS ESPACIOS EN BLANCO

1. ¿Quién fue el primer mártir? _____.

2. Este eunuco, siervo de la reina _____
_____, fue convertido por
Felipe en el camino de Jerusalén a Gaza.

3. En su primer viaje misionero, Pablo fue a _____
_____ y _____.

4. El libro de Filemón se escribió respecto a _____
_____.

RESPUESTAS PÁG. 48

Las diez mejores razones por las cuales Dios creó a Eva

10. A Dios le preocupaba que Adán siempre estuviera perdido en el huerto porque no le gustaba pedir instrucciones.

9. Dios sabía que Adán algún día iba a necesitar alguien que enderezara su corbata de higuera.

8. Dios sabía que Adán nunca compraría una nueva hoja de higuera cuando sus posaderas la gastaran, y por consiguiente necesitaría que Eva consiguiera otra para él.

7. Dios sabía que Adán no sacaría una cita con el médico para él.

6. Dios sabía que Adán nunca iba a recordar cuándo era el día de sacar la basura.

5. Dios sabía que si se habría de habitar el planeta, los hombres no podrían soportar la maternidad.

4. Como «guardián del huerto», Adán nunca recordaría dónde dejó sus herramientas.

3. También le habrían sobrado algunas partes extras.

2. La Biblia lo dice: «No es bueno que el hombre esté solo».

1. Cuando Dios culminó la creación de Adán, retrocedió, se rascó la cabeza y dijo: «Sé que puedo hacer algo mejor».

BANCO DE PALABRAS

Juan   un esclavo fugado   Galacia y Chipre

Candace, de Etiopía   Esteban

Sodoma y Gomorra

Pesadilla de Simón Pedro

RESPUESTAS A: PERSONAJES FAMOSOS (Y NO TAN FAMOSOS)

MÚLTIPLES OPCIONES

# RESPUESTA	REFERENCIA
1. c	Génesis 1.2
2. a	
3. b	
4. c	Génesis 3.14-19

ASOCIE EL NÚMERO CON LA LETRA

# RESPUESTA	REFERENCIA
1. f	marido y mujer (Génesis 17_18)
2. c	marido y mujer (Éxodo 2.21)
3. g	dúo musical de finales del siglo diecinueve
4. d	marido y mujer (Génesis 29.28)
5. h	seductora frustrada y víctima de difamación (Génesis 39)
6. a	marido y mujer (Ester 2.17)

ASOCIE
EL NÚMERO
CON LA LETRA– CONTINUACIÓN

# RESPUESTA	REFERENCIA
7. i	marido y mujer (Génesis 24.15)
8. e	marido y mujer (1 Samuel 18.27)
9. j	madre e hijo (Génesis 16)
10. b	madre e hijo (1 Samuel 1)

RESPONDA
BREVEMENTE

# RESPUESTA	REFERENCIA
1. Noé	Génesis 5.29
2. Abraham a Lot	Génesis 13.8
3. El agua del Nilo se convirtió en sangre Ranas invaden la tierra Piojos Moscas Muere el ganado egipcio Plaga de úlceras Plaga de granizo Plaga de langostas Tinieblas sobre Egipto Muerte de los primogénitos	Éxodo 7_11

RESPONDA
BREVEMENTE– CONTINUACIÓN

# RESPUESTA	REFERENCIA
4. Elifaz Bildad Zofar	Job 3.11
5. Abba: papi Shaddai: Todopoderoso Dios Elohim: Dios; el Creador Adonai: Señor; el Maestro Yaveh: SEÑOR; el nombre más íntimo para Dios; los israelitas los escribían sin las vocales: YVH	

VERDADERO
O FALSO

# RESPUESTA	REFERENCIA
1. Verdadero	Números 12.2,10
2. Verdadero	Génesis 20.12
3. Falso	Génesis 25.28
4. Verdadero	Éxodo 28.36-37
5. Falso	Génesis 14.9
6. Verdadero	Josué 10.12-13
7. Falso	Jueces 14.2
8. Falso	1 Samuel 11.15

VERDADERO
O FALSO– continuación

# RESPUESTA	REFERENCIA
9. Verdadero	Esdras 1.1-2
10. Verdadero	Joel 3.6

SOPA DE
LETRAS

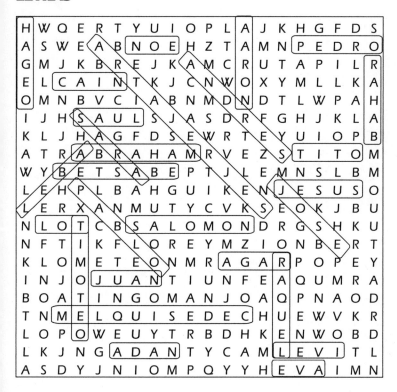

COMPLETE LOS ESPACIOS EN BLANCO

# RESPUESTA	REFERENCIA
1. Esteban	Hechos 7.59
2. Candace, de Etiopía	Hechos 8.27
3. Galacia y Chipre	Hechos 13_14
4. un esclavo fugado	Filemón 1

Creo en milagros

RESPONDA BREVEMENTE

1. ¿Cuál es el primer milagro? _____ .

RESPUESTAS PAG. 61

2. ¿Cómo murió Enoc? _____ .

3. ¿Dónde realizó Dios el milagro de confusión de idiomas? _____ .

4. ¿Qué hizo Dios a Faraón y los suyos cuando Sara se quedó allí como hermana de Abraham? _____ .

5. ¿Qué milagro ocurrió cuando Dios cambió el nombre de Saraí por Sara? _____ .

6. ¿Qué hicieron los ángeles a los hombres que se acercaron al hogar de Lot? _____ .

7. ¿Cómo destruyó Dios a Sodoma? _____ .

8. ¿Cómo murió la esposa de Lot? _____ .

Creo en milagros ‖ 51

1. **¿Qué estaba haciendo Moisés cuando Dios se le apareció en la zarza ardiendo?**
   A. sacando agua del pozo de su suegro
   B. apacentando las ovejas de su suegro
   C. apacentando sus propias ovejas
   D. comentando que le quemaba la garganta

2. **¿Por qué la vara de Moisés se convirtió en serpiente?**
   A. para impresionar a Faraón
   B. para tener protección extra contra Faraón
   C. para que los egipcios creyeran que Dios se había aparecido a Moisés
   D. para llevar al pueblo a la obediencia

3. **¿Qué sucedió a la mano de Moisés cuando la metió en el seno?**
   A. se puso leprosa
   B. se cayó
   C. se secó
   D. sangraba sin que tuviera cicatriz alguna

   RESPUESTAS PÁG. 61

4. **¿De qué milagros hablaron Dios y Moisés en la zarza ardiendo?**
   A. de que su vara se convertiría en serpiente
   B. de abrir el Mar Rojo
   C. de que a su mano le saldría lepra
   D. de que el agua del Nilo se convertiría en sangre

5. ¿Qué aguas resultaron afectadas cuando Moisés y Aarón las convirtieron en sangre?

A. solamente el agua del Nilo
B. las aguas del Nilo, de los estanques y de los arroyos
C. las aguas del Nilo, estanques, arroyos, cántaros y vasos
D. solamente el agua a los pies de Faraón

6. ¿Qué plagas milagrosas del Señor imitaron los hechiceros de Faraón en Egipto

A. ranas
B. piojos
C. tinieblas
D. bubónica

7. ¿Qué golpeó Aarón que se convirtió en piojos?

A. un nervio
B. piedras
C. madera
D. polvo

8. ¿A quién le dieron crédito los hechiceros por la plaga de piojos?

A. a Baal
B. a Dios
C. a Ra
D. a Elvis Presley

9. ¿Cuál de estos milagros ocurrió en el camino al Sinaí?

A. sanidad de las aguas amargas
B. el milagro de la calle 34
C. codornices dadas por Dios
D. victoria sobre Amalec

10. ¿Cuáles de los siguientes fueron milagros de Elías?

A. multiplica el aceite
B. multiplica los alimentos
C. restaura las lluvias
D. purifica el veneno

11. ¿Cuáles de los siguientes fueron milagros de Eliseo?

A. sana un manantial
B. purifica veneno
C. provoca una sequía
D. destruye altares de Baal

12. ¿Cuáles de los siguientes milagros sucedieron en Daniel?

A. escritura en la pared
B. ídolo de Dagón cae sobre su rostro
C. la locura del rey Nabucodonosor
D. Israel es liberado de la esclavitud

Las diez plagas principales que NO sufrieron los egipcios

10. Mala música rap

9. Uñeros

8. Exceso de pelusas en el ombligo

7. Malos ratos en la peluquería

6. Proveedores lentos de Internet

5. Altas primas de seguro

4. Superpoblación de imitadores de Elvis

3. Alergias y calambres en las piernas

2. Demoras en el tráfico debido a construcción de vías

1. Carritos de supermercado con una rueda «mala»

COMPLETE LOS ESPACIOS EN BLANCO

1. Dios guió de modo milagroso a su pueblo por medio de una _____ durante el día y una _____ durante la noche.

2. El Señor dijo a Moisés: «Alza tu _____, y extiende tu _____ sobre el _____, y divídelo, y entren los hijos de Israel por en medio del _____, _____.

3. Moisés echó un _____ en las aguas de Mara para que se _____.

4. La queja de los israelitas fue que preferían estar en Egipto, donde tenían _____.

5. Los israelitas solo debían recoger _____ maná para _____, excepto en el día _____, cuando podían recoger el _____.

6. Además del maná, Dios también suministró _____ para que los israelitas comieran en el desierto.

7. Cuando Moisés golpeó la _____ con su _____, brotó _____ de ella.

RESPUESTAS PAG. 62

8. Los israelitas prevalecían sobre _____ cuando Moisés _____.

BANCO DE PALABRAS

Árbol   codornices   agua   Amalec

Vara   en tierra húmeda   endulzaran

Alimentos   sexto   peña   mar

Suficiente un día

Estrella   arco iris   en seco

Mano   mar   leche   octavo

columna de fuego   columna de nube

doble   Abraham

**DESCIFRE
(Los objetos
de milagros)**

1. Arm Ojro

2. Lonvel ed Neodeg

3. Dudica de Recijo

4. Etacie

5. Ori Donjar

RESPUESTAS
PAG. 63

6. Osfo ed sol noelse

7. Ovni

8. Motentra

VERDADERO O FALSO

1. Jesús resucitó al hijo de la viuda de Naín

2. Jesús calmó la tormenta el mismo día que narró la parábola del sembrador.

3. La mujer con el flujo de sangre sanó después de decirle a Jesús que creía que Él era el Mesías.

4. El hombre cuya hija fue sanada era el comandante de los centuriones.

5. Jesús sanó a dos ciegos que lo siguieron y decían: «¡Ten misericordia de nosotros, Hijo de David!

6. Jesús alimentó a los cinco mil con panes de cebada y peces.

7. Jesús y los doce discípulos protagonizaron el musical acerca de sus vidas llamado Jesucristo Superestrella.

RESPUESTAS PAG. 63

8. Después de que Jesús caminara sobre el agua, subió a la barca con los discípulos e inmediatamente la barca llegó al lugar adonde iban.

9. Jesús dijo a la madre de la niña endemoniada que no está bien echar el pan de los hijos a los perros.

10. Para sanar al sordomudo, Jesús metió sus dedos en las orejas del hombre, escupió, tocó su lengua, suspiró y dijo: «Sé abierto», y el sordomudo sanó.

ASOCIE EL NÚMERO CON LA LETRA

1. sana sordomudo

2. sana ciego de nacimiento

a. Mateo

b. Marcos

3. sana mujer encorvada   c. Lucas

4. sana hombre hidrópico   d. Juan

5. Lázaro resucita de   a. Mateo
los muertos

6. sanan diez leprosos   b. Marcos

7. segunda captura   c. Lucas
de peces

8. sepulcros abiertos en   d. Juan
el Calvario

9. los lienzos de Jesús   a. Mateo
estaban bien arreglados

10. dos discípulos ven a   b. Marcos
Jesús resucitado

RESPUESTAS
PAG. 64

RESPUESTAS A:
CREO EN MILAGROS

RESPONDA BREVEMENTE

# RESPUESTA	REFERENCIA
1. La creación	Génesis 1
2. No murió	Génesis 5.19-24
3. Torre de Babel	Génesis 11.1-9
4. Los hirió con grandes plagas	Génesis 12.14-20
5. Fertilidad	Génesis 17.15-16
6. Los hirieron con ceguera	Génesis 19.9-11
7. Con azufre y fuego	Génesis 19.24
8. Se convirtió en sal	Génesis 19.26

MÚLTIPLES OPCIONES

# RESPUESTA	REFERENCIA
1. b	Éxodo 3.1
2. c	Éxodo 4.5
3. a	Éxodo 4.6
4. a,c,d	Éxodo 4
5. c	Éxodo 7.19
6. a	Éxodo 7_11

MÚLTIPLES
OPCIONES– CONTINUACIÓN

# RESPUESTA	REFERENCIA
7. d	Éxodo 8.17
8. b	Éxodo 8.19
9. a,c,d	Éxodo 15,16,19
10. b,c	1 Reyes 17,18
11. a,b	2 Reyes 4
12. a,c	Daniel 4,5

COMPLETE LOS
ESPACIOS
EN BLANCO

# RESPUESTA	REFERENCIA
1. columna de nube, columna de fuego	Éxodo 13.21-22
2. vara, mano, mar, mar, en seco	Éxodo 14.16
3. árbol, endulzaran	Éxodo 15.25
4. alimentos	Éxodo 16.3
5. suficiente, un día, sexto, doble	Éxodo 16.4-5
6. codornices	Éxodo 16.7-13
7. peña, vara, agua	Éxodo 17.6
8. Amalec, alzaba la mano	Éxodo 17.8-13

DESCIFRE

# RESPUESTA	REFERENCIA
1. Mar Rojo	Éxodo 14
2. Vellón de Gedeón	Jueces 6
3. Ciudad de Jericó	Josué 6_8
4. Aceite	2 Reyes 4
5. Río Jordán	Josué 3,4
6. Foso de los leones	Daniel 6
7. Vino	Juan 2
8. Tormenta	Marcos 4

VERDADERO O FALSO

# RESPUESTA	REFERENCIA
1. Verdadero	Lucas 7
2. Verdadero	Marcos 4
3. Falso	Mateo 9
4. Falso	Lucas 8
5. Verdadero	Mateo 9
6. Verdadero	Juan 6
7. Falso	
8. Verdadero	Juan 6.21
9. Verdadero	Mateo 15.26
10. Verdadero	Marcos 7

ASOCIE EL NÚMERO CON LA LETRA

# RESPUESTA	REFERENCIA
1. b	Marcos 7.31-37
2. d	Juan 9
3. c	Lucas 13.10-17
4. c	Lucas 14.1-6
5. d	Juan 11
6. c	Lucas 17.11-19
7. d	Juan 21.1-14
8. a	Mateo 27.52-53
9. d	Juan 20.2-10
10. c	Lucas 24.13-35

Otros dioses de otras naciones

VERDADERO O FALSO

1. Astarot era la hermana de Baal.

2. Astarot era la diosa de la guerra, el amor, las tormentas, la despensa y la estrella vespertina.

3. Salomón edificó un «lugar alto» para Astarté.

4. Athar reemplazó a Baal como dios principal de los cananeos.

RESPUESTAS PÁG. 77

5. Baal era el padre de Dagón.

6. El dios griego Zeus se deriva de Baal.

7. Dagón, dios de los filisteos, cayó sobre su rostro ante el arca del pacto.

8. El dios filisteo Dagón y la diosa sumeria Ninlil fueron juntos al baile de graduación.

9. Los cananeos asemejaban a Elohim con un ternero, de ahí el becerro de oro.

10. Horón era un dios cananeo importante, el dios del bajo mundo.

COMPLETE LOS ESPACIOS EN BLANCO

1. Nimrod fue un _____ delante de Dios.

2. Asera era la madre de todos los _____ **RESPUESTAS PÁG. 77** _____.

3. El sol era una diosa cananea llamada la antorcha _____, y era el juez de los _____.

4. Según el ciclo de Baal, Baal _____ para explicar el cambio _____.

5. Los israelitas ofrecían tortas a la _____.

6. Según Jueces 2, los israelitas abandonaron a
_____ y sirvieron a _____ y _____.

7. En 1 Samuel 7, los israelitas adoraron a _____
en vez de _____ y _____.

8. En Oseas 2, Jehová dijo a los israelitas que lo
debían llamar _____ y no _____.

BANCO DE PALABRAS

Muere   Astarot   Jehová

Ishi   Baal   vigoroso cazador

la reina del cielo   dioses   de dios

Dioses   Baali   de las estaciones

RESPONDA BREVEMENTE

1. ¿A qué deidad egipcia se le veía sólo como un animal y
no como un humano con cabeza de animal?

_____

2. ¿Con qué animales se representaba a Amón, la deidad patronal de la ciudad de Tebas?

_____

3. ¿A qué dios egipcio atacó Moisés cuando Dios convirtió las aguas de Egipto en sangre?

_____

4. ¿Cómo representaban los egipcios a Wadjet, la diosa cobra? _____

_____

5. ¿A quién se le adoraba como el dios chacal, inventor del embalsamamiento, e hijo de Isis y Osiris?

_____

RESPUESTAS PAG. 78

6. Los egipcios tenían una diosa que protegía a los gatos, ¿cuál era su nombre? _____

_____

7. Los cuatro hijos de Horus protegían partes del cuerpo de _____.

8. ¿Cuál es el nombre del famoso templo de Amón, la estructura más grande que ha construido el hombre? _____

_____

DESCIFRE
(Nombres)

1. Ahip

2. Sirois

3. Onam

4. Ushro

5. Tehke

6. Sisi

7. Yube Pias

8. Rankka

9. Ior Olin

10. Arfano

RESPUESTAS
PAG. 79

Las diez mejores señales de que usted necesita un nuevo «dios»

10. A menudo él le pregunta a usted lo que debería hacer.

9. Él prefiere un concierto en vez de que se inclinen ante él.

8. Cuando usted le cuenta sus problemas, él llora de manera inconsolable.

7. Cuando usted ora, él generalmente responde: «¡Toma veinticinco centavos, ¡pide ayuda a otra persona!»

6. Él insiste en que usted termine sus oraciones diciendo: «¡Hasta la vista, baby!»

5. Frecuentemente se le oye decir: «¡Quién lo hubiera creído!»

4. No solo que su dios no es omnisciente, ¡ni siquiera recuerda su propio nombre!

3. En vez de ofrendas y sacrificios solo prefiere yerba.

2. Olvídese de que pueda dividir mares, él ni siquiera se puede dividir el pelo para hacerse la raya decentemente.

1. Su dios tiene una póliza de seguro de vida.

MÚLTIPLES OPCIONES

1. Babel significa:
A. llegaremos hasta el cielo
B. la cueva de Semiramis
C. la puerta de un dios
D. ciudad donde nunca se oculta el sol

2. Semiramis, Marduc y Nimrod eran la trinidad
A. egipcia
B. babilonia
C. sumeria
D. caldea

RESPUESTAS PAG. 79

3. Los padres de Abraham adoraban a
A. la reina del cielo
B. el oráculo de Ur
C. las siete colinas de Roma
D. la Nueva Era

4. Los israelitas pintaron toda clase de ídolos, reptiles y bestias abominables
A. en pergaminos
B. en la arena del mar
C. en pizarrones
D. en las paredes

5. En la visión de Ezequiel, las mujeres endechaban a
A. Osiris
B. Tamuz

C. Los Beatles

D. Nimrod

6. Artemisa o Diana era diosa en

A. Éfeso

B. Filipo

C. Samaria

D. Macedonia

7. Asera era la madre cananea de todos los dioses y representaba:

A. el inicio de la vida y el mar original

B. las relaciones familiares

C. la perfecta crianza de los hijos

D. la música y la paz

8. Los cananeos consideraban a Asera como la consorte de:

A. Anat

B. el Dios de los israelitas

C. la malvada bruja del oeste

D. Ninlil

NARRE UNA HISTORIA

Había una vez un _____
ADJETIVO

_____ que vivía en una _____
SUSTANTIVO   SUSTANTIVO

sobre una colina. Un día decidió _____
VERBO

_____

a su perro. Se puso su _____

SUSTANTIVO

y _____ del edificio. Mientras estaban

VERBO

fuera, un _____ _____

ADJETIVO   SUSTANTIVO

_____ en la casa y se _____

VERBO

todas las _____ , los _____

SUSTANTIVO   SUSTANTIVO

y la _____ del hombre. Cuando este

volvió con su _____ descubrió que ha-

SUSTANTIVO

bían desaparecido todas sus _____

ADJETIVO

pertenencias. _____ llamó a la _____

ADJETIVO   SUSTANTIVO

y _____ lo sucedido. A los _____

VERBO   NÚMERO

minutos la policía _____ al ladrón y

VERBO

_____ las pertenencias al hombre. Él

VERBO

se puso muy _____.

ADJETIVO

SOPA DE LETRAS

RESPUESTAS PAG. 80

Liza (africano)
Mejer (armenio)
Huitzilopochtli (azteca)
Lugh (celta)
Diez Soles (chino)
Horus Bahdety (egipcio)
Apolo (griego y romano)

Warusem (hitita)
Amaterasu (japonés)
Tsojanoai (navajo)
Busiraco (indígena)
Radogast (eslavo)
Shamash (sumerio)

```
A N P R O L K N A D C I P R M M Q J W T
L P N M N R E G J D H K N E E C U Y A M
L O O F I S G K H V D R J P F J V K R Y
K F C L N S E L O S Z E I D D K N U U W
L R G B O N H R K P R A M A T E R A S U
B U S I R A C O I P R X S J H U V W E S
L U T A I H C D J L M H X G U S B X M J
M Y S O A W S O L I Z A U I I U R X K I
A P O N E C S G U M V L I Q T U O P T Z
P T J A H E R A D H O L X G Z E K O D R
Y K A J C W A S K O L W F E I U L R S B
Q G N O T L V T P N A U S L L O I V E B
A T O S U A B O C Y S Z N D O G H I F J
R A I T K W L N X M D T H O P C I R M P
H O R U S B A H D E T Y M L O T N R O A
Q I P Z A W M B K R V S J N C R Y O I D
L I N M N R E B J D H K N S H A M A S H
M U E S T R J D E B I S K L T E R I O T
U W H I H C E J L M N W U T L I R M E J
R A D O G A S T I M E N X L I B E R S A
```

RESPUESTAS A:
OTROS DIOSES DE OTRAS NACIONES

VERDADERO O FALSO

RESPUESTA
1. Verdadero
2. Verdadero
3. Verdadero
4. Falso (falló en reemplazarlo y se hizo dios del infierno)
5. Falso (su hijo)
6. Verdadero
7. Verdadero
8. Falso
9. Verdadero
10. Falso (un dios menor)

COMPLETE LOS ESPACIOS EN BLANCO

# RESPUESTA	REFERENCIA
1. vigoroso cazador	Génesis 10.9
2. dioses	

COMPLETE
LOS ESPACIOS
EN BLANCO– CONTINUACIÓN

# RESPUESTA	REFERENCIA
3. de dios, dioses	
4. muere, de las estaciones	
5. reina del cielo	Jeremías 7.18
6. Jehová, Baal, Astarot	Jueces 2.13
7. Jehová, Baal, Astarot	1 Samuel 7.4
8. Ishi, Baali	Oseas 2.16

RESPONDA
BREVEMENTE

RESPUESTA
1. el buey Apis
2. ganso y carnero
3. a Hapi, el dios del Nilo
4. como una mujer con cabeza de cobra
5. Anubis
6. Bast
7. Osiris
8. Karnak

DESCIFRE

RESPUESTA

1. Hapi

2. Osiris

3. Amón

4. Horus

5. Heket

6. Isis

7. Buey Apis

8. Karnack

9. Río Nilo

10. Faraón

MÚLTIPLES OPCIONES

# RESPUESTA	REFERENCIA
1. c	
2. b	
3. a	
4. d	Ezequiel 8.7-10
5. b	Ezequiel 8.14
6. a	Hechos 19.35
7. a	
8. b	

SOPA DE LETRAS

Pactos y promesas

VERDADERO O FALSO

1. La promesa total de Dios para Abraham era hacer numerosos a sus descendientes y grande a su nación.

2. El pacto abrahámico es la primera promesa en la Biblia.

3. Dios prometió bendecir a quienes bendijeran a Abraham.

4. Dios prometió a Noé que nunca más destruiría la tierra.

5. Dios hizo su pacto con Moisés en el Monte Sinaí.

6. En el pacto davídico, Dios dijo que sería un Padre para David.

7. Dios prometió que el reino y la casa de David serían afirmados para siempre ante Él.

8. Natán entregó a David la promesa de Dios.

RESPUESTAS PAG. 91

9. Dios hizo su pacto directamente con «Abraham».

10. La intención del pacto mosaico era reemplazar el pacto abrahámico.

MÚLTIPLES OPCIONES

1. La palabra hebrea para pacto es:
   A. Qumrán
   B. Mazel-Tov

C. Berit

D. Amén

2. **Las tres funciones del pacto mosaico fueron:**
   A. revelar a Dios
   B. inventar una máquina de movimiento perpetuo
   C. revelar el pecado
   D. definir las expectativas de Dios para el hombre

¡QUÉ TE PARECE!

El nuevo pacto se menciona primero en el libro de Jeremías (31.31), el cual tiene más palabras que cualquier otro libro de la Biblia.

3. **¿Qué pactos se encuentran en Génesis?**
   A. Davídico
   B. Adámico
   C. Abrahámico
   D. Nuevo

RESPUESTAS PAG. 91

4. **En el pacto abrahámico, Dios ordena a Abraham:**
   A. sacrificar a su hijo Isaac
   B. salir de su nación y dejar su familia y su casa
   C. construir un altar
   D. iniciar un plan piramidal

5. Abraham pensó que había cumplido el pacto de Dios cuando:

A. construyó un altar

B. salió de su casa

C. dio jaque mate en el séptimo movimiento mientras jugaba con Lot

D. nació Ismael

6. ¿Qué hizo Dios cuando Abraham le preguntó cómo sabría que se iba a cumplir el pacto?

A. pasó un horno humeante y una antorcha de fuego entre los animales de un sacrificio

B. le ordenó que se mantuviera en silencio

C. le dio un cálculo renal de tres libras

D. cumplió el pacto

7. ¿Cuándo cambió Dios el nombre de Abram por Abraham?

A. cuando se le apareció por primera vez

B. después que Abram dejara su casa a los setenta y cinco años

C. cuando tenía noventa y nueve años de edad

D. después que nació Isaac

8. ¿Quién se rió cuando Dios prometió un hijo a Abraham y a Sara?

A. Abraham

B. Sara

C. Isaac

D. su mascota, una hiena

COMPLETE LOS ESPACIOS EN BLANCO

1. Dios salvó a Noé del diluvio porque era «_____ _____ delante del Señor».

2. Noé y su familia estuvieron en el arca durante _____ días, pero la lluvia sólo duró _____ días.

3. La promesa de Dios para Noé fue: «No volveré más a maldecir la _____ por causa del _____; porque el intento del corazón del hombre es _____ desde su _____; ni volveré más a destruir todo ser viviente, como _____».

4. Dios prometió que «mientras la _____ _____, _____ la sementera y la siega, _____ y _____, el _____ y el _____, y el día y la noche».

5. Dios bendijo a Noé y puso en sus manos a los _____.

RESPUESTAS PÁG. 92

6. Dios dijo a Noé y sus hijos: «_____ y _____, y llenad la tierra».

7. El _____ es una señal del pacto de Dios con Noé de no destruir otra vez la tierra _____ _____.

8. El pacto de Dios con Noé _____ tenía requisitos para la humanidad.

BANCO DE PALABRAS

el calor   justo   no   verano

365   tierra   no   cesarán

tierra permanezca   40   el frío

Invierno   malo animales

fructificad y multiplicaos   arco iris

juventud   hombre   por diluvio

he hecho

P. ¿Por qué prometió Dios que no destruiría otra vez la tierra con agua?

R. ¡Porque Él sabía que su oficina estaría inundada con quejas!

ASOCIE EL NÚMERO CON LA LETRA

1. Adán

2. Eva

3. serpiente

a. polvo comerás todos los días de tu vida

b. multiplicaré tus dolores

c. pondré enemistad entre tú y la mujer

d. con dolor comerás de la tierra

e. con sudor comerás

f. tu deseo será para tu cónyuge

g. al polvo volverás

h. sus vestidos serán túnicas de pieles

I. saldrán del huerto

RESPUESTAS PAG. 93

RESPONDA BREVEMENTE

1. ¿Quién llevó a David la noticia del pacto de Dios con David? _____

2. ¿Llegó de día o de noche el mensaje del Señor para Natán? _____

3. ¿Qué anhelaba hacer David antes de saber del pacto? _____

4. ¿Qué le dijo Dios a David que haría por los israelitas?_____

5. ¿Por qué David no debía edificar un templo? _____

6. ¿Qué se establecería para siempre? _____

RESPUESTAS
PAG. 93

7. ¿Qué prometió Dios que haría a Salomón, además de establecer su trono? _____

8. ¿Cuál fue la respuesta de David al pacto de Dios?

_____

_____

_____

Las diez primeras bienaventuranzas que no se impusieron

10. Bienaventurados los de billetera pobre, porque serán llamados «gorrones».

9. Bienaventurados los tristes, porque recibirán Prozac.

8. Bienaventurados los excéntricos, porque ganarán miles de millones desarrollando programas de computación.

7. Bienaventurados los que tienen hambre y sed, porque darán buenas ganancias a McDonalds.

6. Bienaventurados los que tengan parientes ricos, porque heredarán fortunas.

5. Bienaventurados los jardineros, porque verán la tierra.

4. Bienaventurados los de corazón puro, porque no necesitarán marcapasos.

3. Bienaventurados los pacificadores, porque podrán optar por el Premio Nobel de la Paz.

2. Bienaventurados los que saben tocar guitarra, porque serán el alma de las fiestas.

1. Bienaventurado serás cuando las personas digan toda clase de mal contra ti, mintiendo, porque podrás demandarlas por calumnia.

RESPUESTAS A:
PACTOS Y PROMESAS

VERDADERO
O FALSO

# RESPUESTA	REFERENCIA
1. Falso	Génesis 12.2-7
2. Falso	Génesis 3.14
3. Verdadero	Génesis 12.2
4. Falso	Génesis 9
5. Verdadero	Éxodo 19_20
6. Falso	2 Samuel 7
7. Verdadero	2 Samuel 7
8. Verdadero	2 Samuel 7
9. Falso	Génesis 12
10. Falso	Gálatas 3.15-19

MÚLTIPLES
OPCIONES

# RESPUESTA	REFERENCIA
1. c	
2. a,c,d	
3. b,c	Génesis 3,15

MÚLTIPLES
OPCIONES– CONTINUACIÓN

# RESPUESTA	REFERENCIA
4. b	Génesis 12
5. d	Génesis 15
6. a	Génesis 15
7. c	Génesis 17
8. a,b	

COMPLETE
LOS ESPACIOS
EN BLANCO

# RESPUESTA	REFERENCIA
1. justo	Génesis 7
2. 365, 40	Génesis 7_8
3. tierra, hombre, malo, juventud, he hecho	Génesis 8
4. tierra permanezca, no cesarán, el frío, el calor, verano, invierno	Génesis 8
5. animales	Génesis 9
6. fructificad y multiplicaos	Génesis 9
7. arco iris, por diluvio	Génesis 9
8. No	Génesis 9

ASOCIE EL NÚMERO CON LA LETRA

# RESPUESTA	REFERENCIA
1. d,e,g,h,i	Génesis 3
2. b,f,h,i	
3. a,c	

RESPONDA BREVEMENTE

RESPUESTA
1. Natán
2. de noche
3. constuir un templo
4. fijar un lugar para ellos
5. Dios no deseaba uno en esa época... Salomón lo debía edificar
6. la casa y el trono de David
7. disciplinarlo
8. oró a Dios y le dedicó a Israel

Adoración

MÚLTIPLES OPCIONES

1. ¿Cómo adoraban los serafines en la visión de Isaías?

A. postrados

B. dando voces

C. saltando

D. tocando arpas

RESPUESTAS PAG. 103

2. La fornicación de los israelitas con las hijas de Moab los llevó a:

A. comer carne de cerdo

B. ver películas pornográficas

C. fallar en la crianza de los hijos

D. adorar a los dioses de los moabitas

3. ¿En qué lugar servían los cantores que nombró David?

A. en el altar mayor del templo

B. delante de la tienda del tabernáculo

C. delante del becerro de oro

D. detrás del altar del templo

4. ¿Cómo es necesario adorar a Dios?

A. en espíritu y en verdad

B. por medio de la virgen

C. por medio de imágenes de animales

D. asistiendo a misa

5. ¿Quién dijo: «No me adores, porque soy consiervo tuyo, de tus hermanos los profetas y de los que guardan las palabras de este libro»?
A. el asna de Balaam
B. Pedro
C. Felipe
D. un ángel

6. ¿A qué diosa adoraban los parientes de Abraham?
A. Diana
B. Astoret
C. la reina del cielo
D. Semiramis

7. ¿Por medio de qué mató Dios a doscientos rebeldes que le ofrecían incienso?
A. fuego
B. diluvio
C. espada
D. ranas

8. ¿Qué sacrificios prefiere Dios?
A. espíritu quebrantado
B. corazón contrito y humillado
C. todos los anteriores
D. holocaustos

9. Ante Dios
A. debemos hablar todo lo que podamos
B. debemos pedir sin cesar
C. no debemos decir nada
D. no debemos darnos prisa en hablar

10. ¿Cuántos mediadores hay entre Dios y los hombres?

A. uno solo: la virgen María

B. uno solo: Jesucristo hombre

C. varios: los santos

D. todos los anteriores

11. ¿Quién fue el compositor de «Castillo fuerte es nuestro Dios»?

A. Sullivan

B. Franz Grüber

C. Martín Lutero

D. Kirkpatrick

12. ¿Qué famosa canción fue tomada de una tonada popular rusa?

A. Firmes y Adelante

B. Cuán grande es Él

C. La vida loca

D. Noche de paz

¡QUÉ TE PARECE!

Los egipcios adoraban al dios sol comiendo una hostia redonda con las iniciales IHS (Isis, Horus, Set, la trinidad egipcia).

ASOCIE EL NÚMERO CON LA LETRA

(Adoración celestial)

RESPUESTAS PÁG. 102

1. Dios en el trono   a. de él salían relámpagos, truenos y voces

2. Veinticuatro ancianos   b. semejante a un león

3. Trono   c. rostro como de hombre

4. Siete lámparas de fuego   d. semejante a piedra de jaspe y de cornalina

5. Mar de vidrio   e. semejante a un águila volando

6. Primer ser viviente   f. semejante a un becerro

7. Segundo ser   g. tenían seis alas y estaban llenos
viviente   de ojos

8. Tercer ser viviente h. los siete espíritus de Dios

9. Cuarto ser viviente I. semejante al cristal

10. Cuatro seres   j. vestidos de ropas blancas, con
vivientes   coronas de oro en sus cabezas

COMPLETE LOS ESPACIOS EN BLANCO

1. Abram, pues, removiendo su _____, vino y
moró en el _____ de Mamre, que está en
Hebrón, y edificó allí _____ a Jehová.

2. Hasta entonces el pueblo _____ en los
_____; porque no había _____
edificada al nombre de Jehová hasta aquellos
tiempos.

3. _____ veces al día te alabo a causa de tus
_____.

RESPUESTAS
PAG. 103

4. ¡Ay del que dice al _____: Despiértate; y a
la _____ muda: Levántate!

5. Hermanos, os ruego por las _____ de Dios
que presentéis vuestros _____ en sacrificio vivo,
santo, agradable a Dios, que es vuestro _____
_____.

BANCO DE PALABRAS

justos juicios   sacrificaba   misericordias

Cuerpos   tienda   lugares altos

Encinar   piedra   palo   casa

culto racional   altar   siete

RESPUESTAS A: ADORACIÓN

ASOCIE EL NÚMERO CON LA LETRA

(Canciones cristianas de todos los tiempos y sus compositores)

1. Noche de paz

a. Sullivan

2. Cuán grande es Él

b. Kirkpatrick

3. Tal como soy

c. Franz Grüber

4. Entera consagración

d. Brakbury

5. Castillo fuerte es nuestro Dios

e. Tomada de una canción popular rusa

6. Firmes y adelante

f. Martín Lutero

MÚLTIPLES OPCIONES

# RESPUESTA	REFERENCIA
1. b	Isaías 6.3
2. d	Números 25.1-2
3. b	1 Crónicas 6.32
4. a	Juan 4.24
5. d	Apocalipsis 22.9
6. c	Jeremías 44.17
7. a	Números 16.35
8. c	Salmos 51.16-17
9. d	Eclesiastés 5.2
10. b	1 Timoteo 2.5
11. c	
12. b	

COMPLETE LOS ESPACIOS EN BLANCO

# RESPUESTA	REFERENCIA
1. tienda, encinar, altar	Génesis 13.18
2. sacrificaba, lugares altos, casa	1 Reyes 3.2
3. siete, justos juicios	Salmos 119.164
4. palo, piedra	Habacuc 2.19
5. misericordias, cuerpos, culto racional	Romanos 12.1

Otros títulos indispensables para estudiar la Biblia

0899223826

0899223885

0899222854

0899225306

0899226280

0899224954

0899226507

0899225047

0899225934

CARIBE BETANIA EDITORES

caribebetania.com